NOVENA DE NOSSA SENHORA DO PERPÉTUO SOCORRO

EDITORA
SANTUÁRIO

Coordenação editorial: Ana Lúcia de Castro Leite
Revisão: Luana Galvão
Diagramação e Capa: Mauricio Pereira

ISBN 978-65-5527-485-1

1ª impressão

Rua Pe. Claro Monteiro, 342 – 12570-045 – Aparecida-SP
Tel: 12 3104-2000 – Televendas: 0800 - 0 16 00 04
www.editorasantuario.com.br
vendas@editorasantuario.com.br

INTRODUÇÃO

O Ícone de Nossa Senhora do Perpétuo Socorro é diferente de nossas imagens de santos, porque é uma pintura que representa uma cena de nossa salvação. Cada figura, cada cor, cada expressão integra uma mensagem que vem de Deus para nós. Esse Ícone faz parte de uma coleção conhecida como a "Virgem da Paixão". Deve ter sido criada por volta do século XV, na ilha de Creta. Em 1866, o Papa Pio IX confiou esse lindo Ícone aos Missionários Redentoristas, para que o fizessem conhecido em todo o mundo. A partir da Novena perpétua, que teve início 1922, nos Estados Unidos, essa devoção se propagou pelo mundo todo.

O Ícone de Nossa Senhora do Perpétuo Socorro deve ser contemplado como uma cena da copiosa Redenção. O fundo dourado do quadro é como uma janela aberta no céu, em que Maria e Jesus nos mostram o mistério de nossa Redenção, já conquistada definitivamente, mas que continua se realizando em cada geração. Maria como que nos oferece o Menino Jesus como nosso Redentor, ao mesmo tempo em que os Arcanjos Gabriel e Miguel ainda seguram alguns instrumentos dos sofrimentos de Jesus: a lança, a esponja, os cravos e a cruz. O olhar de Maria se dirige, com muita ternura e serenidade, a cada um de nós, enquanto Jesus olha assustado para os sinais da Paixão e agarra-se às mãos de sua Mãe. A mensagem principal do Ícone é muito clara e bonita: a missão da Mãe do Perpétuo Socorro é fazer-nos participar da copiosa Redenção, realizada pela Encarnação, Vida, Paixão, Morte e Ressurreição de seu Filho e nosso Salvador.

REUNIDOS COM MARIA, A MÃE DE JESUS

Canto inicial

Dirigente: Em nome do Pai e do Filho e do Espírito Santo.
Todos: **Amém!**

Dirigente: À vossa proteção recorremos, Santa Mãe de Deus.
Todos: **Não desprezeis nossas súplicas em nossas necessidades, mas livrai-nos sempre de todos os perigos, ó Virgem gloriosa e bendita. Amém!**

Canto

(Entronização do ícone, de acordo com o costume local)

Dirigente: Sejam bem-vindos, irmãos, a este momento de oração mariana. A Mãe da Perpétuo Socorro dirige seu olhar materno, cheio de misericórdia sobre cada um de nós, oferecendo-nos aquele que é, ao mesmo tempo, seu filho bendito e o Filho eterno de Deus. Ele é nosso Santíssimo Redentor, nosso único Salvador e Senhor, Socorro divino de toda humanidade. Ela é sua e nossa Mãe, socorro materno de seu Filho encarnado e de todos nós, seus filhos adotivos. Coloquemos confiantes, nas mãos dessa Mãe bendita, nossas preces de gratidão, nossos pedidos e nossas intercessões.

MARIA ATENTA A NOSSAS NECESSIDADES

(O Dirigente apresenta as intenções gerais do dia, segundo os acontecimentos mais relevantes, tanto do mundo como de alguma família da comunidade)

Dirigente: Confiantes na intercessão da Mãe de Jesus, rezemos!

Todos: **Ó Maria, Mãe do Perpétuo Socorro, ao contemplar vosso Ícone de Amor, renovamos nossa confiança na abundante Redenção que vosso Filho nos conquistou. Mulher bendita, simples e humilde, vós fostes digna de ser escolhida para Mãe de Jesus. Sois nossa Mãe querida, que Ele nos confiou para ser nossa Mãe, na hora de sua morte na cruz. Nós vos amamos, como filhos, em vós confiamos como nosso perpétuo socorro, e a vós apresentamos nossas humildes preces.**

Leitor: Maria, Mãe de Jesus, Mãe de Deus,

Todos: **rogai por nós e socorrei-nos sempre!**

Leitor: Maria, Virgem Imaculada, assunta ao céu,

Todos: **rogai por nós e socorrei-nos sempre!**

Leitor: Maria, Mãe da Igreja, Povo de Deus,

Todos: **rogai por nós e socorrei-nos sempre!**

Leitor: Maria, cujo olhar materno acompanha com tanto carinho cada um de nós, nossa família e nossa comunidade,

Todos: **rogai por nós e socorrei-nos sempre!**

Dirigente: Somos todos batizados na água do Espírito Santo, para sermos filhos adotivos de Deus por todo o sempre. Com alegria cantemos a AVE-MARIA.

Canto: Ave-Maria
(Pe. Pelágio Santer, C.Ss.R.)

Ave, Maria, cheia de graça, o Senhor é convosco, bendita sois vós entre as mulheres, bendito é o fruto do vosso ventre, Jesus.

Santa Maria, Mãe de Deus, rogai por nós, pecadores, agora e na hora de nossa morte. Amém!

MARIA, MULHER VOCACIONADA E MÃE DA PERSEVERANÇA

Dirigente: Como Maria santíssima assumiu sua vocação e cumpriu fielmente sua missão, peçamos agora pelas vocações leigas, missionárias, consagradas e ministeriais.

Todos: **Mãe do Perpétuo Socorro, protegei nosso Papa, para que seja respeitado e nos mantenha unidos no rebanho de vosso Filho; abençoai nossos bispos, padres e diáconos; despertai novas vocações de homens e mulheres, dispostos a servirem o povo de Deus nos diversos ministérios e na Vida consagrada.**

Leitor: Maria Santíssima, dai-nos a confiança de assumirmos nossa missão na Igreja e no mundo. Suscitai homens e mulheres, jovens e crianças, que sejam Discípulos-Missionários do Evangelho dentro da sociedade. Abençoai toda a nossa Igreja, para que se torne sinodal, e caminhemos juntos como irmãos em Cristo.

Todos: **"Jesus, mestre divino, que chamastes os apóstolos para vos seguirem, continuai a passar por nossos caminhos, por nossas famílias, por nossas escolas. E continuai a repetir o convite a muitos de nossos jovens. Dai coragem às pessoas convidadas, dai forças para que vos sejam fiéis como apóstolos leigos, sacerdotes, religiosos para o bem do povo de Deus e de toda a humanidade. Amém!" (Papa São Paulo VI)**

Dirigente: Com toda a confiança, apresentamos à Mãe do Perpétuo Socorro alguns agradecimentos e pedidos que foram trazidos a esta Novena.

(Podem ser lidos alguns bilhetes, previamente depositados. Pode-se dar oportunidade para que sejam espontaneamente apresentados pelos participantes)

Canto

COM MARIA, ESCUTAR E MEDITAR A PALAVRA

Dirigente: Maria, que guardava e meditava a Palavra de Deus em seu coração, deixou-nos um mandamento importante: "Façam tudo o que meu Filho lhes disser!" Escutemos atentos e acolhamos no coração a Mensagem desta Novena.

Mensagem Mariana
(Lida pelo Dirigente ou por outra pessoa previamente escolhida)

MOMENTO DAS BÊNÇÃOS

MARIA, MÃE SEMPRE PRONTA A NOS ATENDER

Dirigente: Assim como Maria cantou em seu Magnificat, bendigamos ao Senhor tudo o que nos tem concedido. Ela é nossa Mãe, por isso peçamos sua bênção, para que interceda por nossa saúde, abençoe a água e os objetos que lhe apresentamos.

BÊNÇÃO DA SAÚDE

Dirigente: Peçamos a intercessão e a bênção da Mãe do Perpétuo Socorro para os nossos doentes.

Todos: **Maria santíssima, estendei vosso olhar materno e abençoai as pessoas enfermas. Ajudai-as a unir seus sofrimentos à cruz de vosso Filho, para que não percam a esperança da cura nem fiquem sozinhos em sua dor.**

Dirigente: Roguemos a nossa boa Mãe do Socorro, para que não faltem a nossos doentes os meios necessários para serem bem-cuidados. Que Ela abençoe todos os medicamentos que lhes foram receitados e que tenhamos a caridade fraterna de visitá-los e ajudá-los em suas necessidades.

Todos: **Senhora e Mãe de todos nós, intercedei pela saúde dos enfermos, fortalecei sua fé, recuperai sua saúde e abençoai todos os que se dedicam a cuidar das pessoas enfermas e idosas.**

Dirigente: Em nome do Pai e do Filho e do Espírito Santo.

Todos: **Amém!**

BÊNÇÃO DA ÁGUA

Dirigente: Peçamos à Mãe do Perpétuo Socorro que nos ajude a cuidar da natureza, que o Pai de todos nós nos preparou, ao criar o planeta Terra. Que a bênção da água seja de gratidão ao Criador e que Nossa Senhora interceda por todos os que sofrem carência de água, em sua casa e em sua região.

Todos: **Senhora e protetora de todos nós e de todo o mundo, abençoai**

a água que vos apresentamos. Que ela nos faça recordar com gratidão a grande graça de nosso Batismo e do perdão de nossos pecados. Fazei que seja um sinal de bênção para quem a tomar e onde ela for aspergida. E que a água, agora abençoada, estimule-nos a termos cuidado com toda a Criação, obra das mãos de Deus.

Dirigente: Em nome do Pai e do Filho e do Espírito Santo.

Todos: **Amém!**

BÊNÇÃO DOS OBJETOS

Dirigente: Que Nossa Senhora do Perpétuo Socorro faça com que os objetos que trouxemos se tornem para nós sinais de sua bênção e proteção.

Todos: **Senhora, que cuidastes com tanto carinho de todos os objetos de vossa casa, em Nazaré, fazei que estes objetos despertem em nós a gratidão a Deus, por tudo o que temos, e nos**

deem vossa proteção quando os usarmos em espírito de fé e de oração.

Dirigente: Em nome do Pai e do Filho e do Espírito Santo.

Todos: **Amém!**

Canto

(Neste momento, pode-se fazer a aspersão sobre o povo, sobre os medicamentos, sobre a água e sobre outros objetos)

MARIA, MULHER TODA DE DEUS

CONSAGRAÇÃO

Dirigente: Renovemos a Consagração de nossa vida a Nossa Senhora do Perpétuo Socorro, estendendo nossas mãos a seu ícone.

Todos: **Ó Mãe do Perpétuo Socorro, em vosso Ícone de Amor, vós nos ofereceis uma imagem viva da abundante Redenção que vosso Filho nos conquis-**

tou. Vosso olhar materno e sereno se dirige com carinho a cada um de nós, para nos recomendar que façamos tudo o que vosso Filho nos disser. Mãe Santíssima, aqui estamos diante de vós para vos consagrar confiantes nossa vida, nossa família, nossos trabalhos de cada dia, nossos momentos de alegria, nossas preocupações e tristezas. Vós, que sois a Virgem da Paixão e da Ressurreição, alimentai nossa esperança, fortalecei nossa fé e enchei-nos daquele amor que arde em vosso coração e no coração de vosso Filho. Queremos ser vossos filhos, agora e por toda a eternidade. Não permitais que as tentações do mundo e a falta de unidade na fé cristã nos afastem de nossa devoção filial à senhora. Ajudai-nos a ser fiéis ao Evangelho de vosso Filho e à comunidade da Igreja, na qual fomos batizados. Abençoai-nos, hoje e sempre, guardai-nos de todo mal e conduzi-nos à vida eterna. Amém!

CANTO DO MAGNIFICAT

Dirigente: Rezemos todos:

"Eu vos saúdo, ó cheia de graça, o Senhor é convosco. Eu vos saúdo, ó instrumento de nossa alegria, por quem nos veio o autor da vida e do Amor, Jesus Cristo. Eu vos saúdo, ó templo da glória de Deus, casa sagrada do Rei Celeste. Eu vos saúdo, ó Perpetuo Socorro de minha vida, em quem deposito minha confiança e a quem recomendo todos os homens e todas as mulheres de boa vontade, especialmente os mais sofredores e necessitados. Amém".

(Pode-se recorrer às Orações opcionais, no fim do texto)

BÊNÇÃO FINAL

Dirigente: Que a Mãe de Jesus e nossa Mãe querida vos abençoe e vos guarde!

Todos: **Amém!**

Dirigente: Que vos acompanhe com seu olhar materno e vos proteja.

Todos: **Amém!**

Dirigente: Que seja vosso socorro durante o dia e durante a noite.

Todos: **Amém!**

Dirigente: Por intercessão de Nossa Senhora do Perpétuo Socorro, desça sobre vós a bênção do Deus, Trindade santa, Pai e Filho e Espírito Santo.

Todos: **Amém!**

Canto final

(Durante o canto, pode-se fazer a Imposição das Mãos sobre os devotos. Onde for costume, segue-se a Bênção do Santíssimo ou a celebração da Eucaristia, adaptando o que for necessário)

Orações opcionais, que podem ser inclusas ou rezadas pessoalmente diante do Ícone de Nossa Senhora do Perpétuo Socorro:

I. Oração de São João Paulo II

Virgem do Perpétuo Socorro, Santa Mãe do Redentor, socorrei vosso povo que almeja ressurgir. Dai a todos a alegria de caminhar na consciente e ativa solidariedade com os mais pobres, anunciando, de modo novo e corajoso, o Evangelho de vosso Filho, fundamento e ápice de toda convivência humana que aspira a uma paz verdadeira, justa e duradoura. Como o Menino Jesus que admiramos neste venerável Ícone, também nós queremos apertar vossa mão. A vós não faltam nem o poder, nem a bondade para nos socorrer em todas as necessidades e em cada pedido.

Agora é vossa hora!

Vinde, pois, em nosso auxílio e sede para todos refúgio e esperança.

Amém.

II. Oração

1. Ó Mãe do Perpétuo Socorro,/ com maior confiança/ venho hoje diante de vossa santa imagem,/ *para suplicar vosso socorro./ Não confio em meus merecimentos,/ nem em minhas boas obras,/ mas nos infinitos merecimentos do Senhor Bom Jesus/ e em vosso incomparável amor materno.*

2. Vós olhastes, ó Mãe,/ as chagas do Redentor/ e o sangue dele derramado na cruz/ pela nossa salvação./ Esse vosso Filho, morrendo, deu-nos vós por Mãe./ Será que não sereis para nós,/ como declara vosso doce nome,/ Perpétuo Socorro?

3. A vós, pois, ó Mãe do Perpétuo Socorro,/ pela dolorosa Paixão e Morte do vosso divino Filho pelos incontáveis sofrimentos do vosso coração,/ ó Colaboradora fiel,/ suplico com muita confiança/ que alcanceis junto do vosso Filho esta

graça, / a qual tanto desejo/ e da qual tanto preciso (pedir a graça em silêncio).

4. Vós sabeis, ó Mãe bendita,/ como o nosso Redentor desejou ardentemente/ dar-nos todas as graças da Redenção./ Vós sabeis que estes tesouros foram depositados nas vossas mãos,/ para que os distribuais entre nós.

5. Alcançai, pois, ó minha Mãe do Perpétuo Socorro, do Sagrado Coração de Jesus,/ esta graça que nesta novena suplico com humildade,/ se for da vontade de Deus, e eu,/ com alegria, vou proclamar a vossa misericórdia por toda a eternidade. Amém!

III. Oração

Maria, mãe de Deus e nossa,/ olhai compassiva para vossos filhos,/ que trilham os caminhos da história./ Sentimos a falta do pão de cada dia,/ do emprego, da saúde, da justiça/ e da solidariedade maior./ Intercedei junto a vosso Filho, Jesus,/ para que possamos experimentar sua Redenção abundante/ e fazer o caminho da vida como irmãos, / num novo céu e numa nova terra./ Ajudai-nos, Mãe,/ e sede para nós perpétuo socorro de nossas necessidades/ junto a vosso Filho Jesus. Amém!

IV. Oração

Ó Mãe do Perpétuo Socorro, sob vosso olhar materno e sereno, contemplamos vosso Filho e nosso Salvador, que se agarra em vossas mãos, ao prever o sofrimento que deveria enfrentar pela nossa Redenção. Por isso, nós também recorremos a vós, para que seja nosso socorro em todas as situações difíceis de nossa vida. Acolhei-nos e atendei-nos sempre, pelo amor imenso que tendes por vosso Filho bendito. Nós vos recomendamos também nossas famílias e todas as pessoas que passam por dificuldades de saúde, de desemprego, de moradia e também aquelas que vivem afastadas da prática da fé cristã. Senhora e Mãe nossa, conduzi nosso mundo pelos caminhos da justiça, protegei-o das catástrofes e ajudai-nos a ser missionários da paz, da amizade e da fraternidade, sem acepção de ninguém. Amém!

CANTOS

1. Socorrei-nos, ó Maria (D. P.)

1. Socorrei-nos, ó Maria, noite e dia, sem cessar! Os doentes e os aflitos, vinde todos consolar!

Vosso olhar a nós, volvei, vossos filhos protegei! Ó Maria, ó Maria, vossos filhos socorrei!

2. Visitai os que padecem, aliviando-lhes a dor. Nós todos volvei hoje um olhar cheio de amor!

3. Dai saúde ao corpo enfermo, dai coragem na aflição! Sede a nossa doce estrela a brilhar na escuridão.

4. Que tenhamos cada dia pão e paz em nosso lar; e de Deus a santa Graça vos pedimos neste altar.

5. Nas angústias e receios, sede, ó Mãe, a nossa luz! Dai-nos sempre fé e confiança no amor do bom Jesus.

2. Por nós rogai

(Pe. João Batista Lehmann, SVD)

Por nós rogai ao bom Jesus, que nos salvou por sua cruz. Por nós velai, ó Mãe querida, nos abençoai por toda a vida, Nossa Senhora do Perpétuo Socorro!

3. Ó Virgem Maria (D. P.)

Ó Virgem Maria, Rainha de amor, tu és a Mãe santa do Cristo Senhor.

1. Perpétuo Socorro tu és. Mãe querida, teus filhos suplicam socorro na vida.

2. Nas dores e angústias, nas lutas da vida, tu és a Mãe nossa, por Deus concebida.

4. Ó Mãe do Perpétuo Socorro (D. P.)

Ó Mãe do Perpétuo Socorro,/ ouvi nossa ardente oração./ E vinde com amor socorrer-nos/ em toda e qualquer aflição.

1. Ó Mãe bondosa e poderosa, volvei ao mundo o vosso olhar. E, em seus temores, os pecadores a paz de Cristo hão de encontrar.

2. Em nossa vida, ó Mãe querida, jamais nos falte o vosso amor. Bondosamente, perpetuamente, rogai por nós ao Redentor.

3. Ó Virgem pura, Mãe de ternura, sem vós quem poderá lutar. E, enfim, um dia, com alegria, no céu a Cristo contemplar.

5. Na longa estrada da vida

(Casimiro Nogueira)

1. Na longa estrada da vida, tua gente sofrida em busca do amor percorre diversos caminhos, de cravos e espinhos, de luta e de dor. Em ti nossa gente confia e em romaria vem te contemplar! Mãezinha, consolo dos crentes, ensina essa gente a Jesus adorar!

Mãe do Perpétuo Socorro, venho a ti e recorro, vem, ó Mãe, me valer! Mãe, nosso eterno auxílio, vem nos dar o teu Filho. Mãe, vem nos socorrer!

2. Refúgio do fraco, do pobre, do rico, do nobre, de todo o que crê. Conforto

na dor, na aflição de todo irmão que a ti recorrer. A nossa família abençoa e toda pessoa que busca Jesus! A Igreja caminha em teus braços, seguindo os passos da Divina Luz!

3. A ti consagramos noss'alma; tua paz nos acalma, dá força e vigor. Coração, boca, voz, os ouvidos e nossos sentidos consagra com amor. Protege o pequeno, o carente, o deficiente, o sem-terra, o sem-lar. Aos que estão na margem da vida, Mãezinha querida, oh! Vem consolar!

6. Meu Perpétuo Socorro

(Pe. Isac Lorena, C.Ss.R.)

Meu perpétuo Socorro, Mãe querida, ó Maria, vim trazer-te neste dia o meu pobre coração. Nele está tudo o que tenho, nele está tudo o que posso, nele está a minha vida, a minha eterna gratidão. Não desprezes esta oferta, que te faz um pecador. Tudo é teu, ó Mãe querida, dá-me em troca o teu amor.

7. Olhar da Mãe do Perpétuo Socorro

(Pe. Isac Lorena, C.Ss.R.)

Mãe do Perpétuo Socorro, a teus pés deixa-me gozar a doçura inefável que brota desse abismo de amor que é teu olhar!

8. Mãe do Perpétuo Socorro

Mãe do Perpétuo Socorro, vim trazer-te meu coração. Ele é tudo o que tenho na vida, nele está toda minha gratidão.

Nele verás, Mãe querida, muito espinho de pranto e de dor. Põe, ó Virgem, em cada ferida, uma gota do teu grande amor!

9. A graça da perseverança

(Annunciação Lorena Barbosa)

Ó Mãe do Perpétuo Socorro, meu amor, toda minha esperança. A teus pés vim pedir-te uma coisa: é a graça da perseverança!

1. Vê o mundo que se ergue furioso, ele quer a minha alma perder: não me

deixes sozinho na luta, nem demores em me socorrer.

2. Quanta luta me espera na vida. Meu caminho é caminho da cruz. Faze, ó Virgem, que eu não desfaleça, nem me afaste jamais de Jesus.

3. Mãe, um dia chamaste-me teu filho. Esquecer-te não pude: eis-me aqui! Uma coisa somente te peço: até a morte viver junto a ti!

10. Dulcíssima Esperança

(Santo Afonso Mar a de Ligório)

1. Dulcíssima esperança, meu belo amor, Maria, tu és minha alegria, a minha paz és tu! Quando teu nome eu chamo, e em ti, Maria, eu penso, então um gáudio imenso me rouba o coração! (bis)

2. Se algum mau pensamento vem perturbar a mente, se esvai apenas sente teu nome ressoar. Nos mares deste mun-

do, tu és a Estrela amiga que o barco meu abriga e o pode enfim salvar! (bis)

3. Debaixo de teu manto, minha Senhora linda, quero viver e ainda espero assim morrer. Porque, se a ti amando me toca a feliz sorte de ti invocar na morte, terei seguro o céu! (bis)

4. Estende-me teus braços, de amor serei cativo; no mundo enquanto vivo, serei fiel a ti. Meu coração é presa de teu amor clemente; a Deus farás presente, do que já não é meu! (bis)

11. Louvemos cantando

(Santo Afonso Maria de Ligório)

1. Louvemos cantando a Filha e Esposa, a Mãe amorosa de quem a criou!

Oh! Viva Maria! Maria, oh! Viva! Oh! Viva Maria e quem a criou!

2. Um dia Maria, distante do Filho, qual flor neste exílio entre nós ficou.

3. Agora, num trono, ó bela Rainha, te assentas vizinha de quem te criou!

4. Não esqueças, Senhora, a prece constante: Oh! faze que eu ame quem sempre me amou!

12. Magnificat 1 (DR)

O Senhor fez em mim maravilhas, Santo é o seu nome.

1. A minh'alma engrandece o Senhor, e exulta meu espírito em Deus, meu Salvador. Porque olhou para a humildade de sua serva, doravante as gerações hão de chamar-me de bendita.

2. O Poderoso fez em mim maravilhas, e Santo é o seu nome! Seu amor para sempre se estende sobre aqueles que o temem.

3. Manifesta o poder de seu braço, dispersa os soberbos; derruba os poderosos de seus tronos e eleva os humildes.

4. Sacia de bens os famintos, despedem os ricos sem nada. Acolhe Israel seu servidor fiel ao seu amor.

5. Como havia prometido a nossos, em favor de Abraão e de seus filhos para sempre.

6. Glória ao Pai, ao Filho e ao Santo Espírito desde agora e para sempre, pelos séculos. Amém.

13. Magnificat 2 (DR)

Magnificat, Magnificat é o canto de amor./ Minha alma engrandece a Deus, meu Salvador.

1. Canta, coração, alegre e feliz, com gratidão a Deus bendiz. (bis)

2. Santo é seu nome que está em toda terra. Puro é seu amor que alegria encerra. (bis)

3. Nossa união é o milagre de amor vindo de Jesus, o nosso Salvador. (bis)

4. Deus é um Pai fiel, de ninguém esquece. Obrigado, Deus, ouve esta prece. (bis)

14. Magnificat 3 (DR)

1. Minha alma engrandece a Deus, meu Senhor./ Meu espírito se alegra no meu Salvador. (bis)

2. Olhado ele tem a sua humilde serva./ Grande glória disto a mim se reserva. (bis)

3. Por todas as gentes serei nomeada./ Em todos os tempos bem-aventurada. (bis)

4. Em mim grandes coisas fez o Poderoso,/ cujo nome é sacro, santo e majestoso. (bis)

5. Benigna se estende a sua piedade/ àqueles que o temem, de uma a outra idade. (bis)

6. Valentes prodígios com seu braço operou. / Projetos altivos e vãos dissipou. (bis)

7. Glória seja ao Pai, ao Filho outro tanto; / glória ao que procede de ambos, amor santo. (bis)

8. Assim como era no princípio, agora, / para sempre seja na Trindade glória. (bis)

SUGESTÕES DE TEMAS PARA A MENSAGEM MARIANA

A: SUGESTÃO

1. A nova Eva – Criação (Gn 3,15) – Imaculada.
2. Anunciação (Lc 1,26ss) – Ave-Maria – Virgindade.
3. Visitação de Maria (Lc 1,38-45) – Magnificat.
4. Apresentação de Jesus (Lc 2,35) – Senhora das Dores.
5. Nascimento de Jesus (Lc 2,4-7) – Maternidade.
6. Bodas de Caná (Jo 2,1-5.9-11) – Discípula de Jesus.
7. Aos pés da Cruz (Jo 19,25) – Perseverança missionária.
8. Maria no Cenáculo (At 1,12-14) – Mãe da Igreja.
9. Mulher do Apocalipse (Ap 12,1.13-14) – Assunção.

B: SUGESTÃO (segundo o livro do Ir. Afonso Murad: Maria, toda de Deus e tão humana. Paulinas, 2004).

1. (Mt 1,16-17) – A genealogia é de José, mas Jesus nasceu de Maria, sem a participação física de José.
2. (Mt 1,18-25) – A narrativa sobre José revela a concepção virginal de Maria por obra do Espírito Santo.
3. (Mt 2,1-12) – Os magos viram o "Menino com Maria, sua mãe". Seu filho é o salvador de todos os povos.
4. (Mt 2,13-23) – Fuga para o Egito: Maria, mãe que protege primeiramente a vida.
5. (Mt 13,53-58) – Jesus é rejeitado porque procede de pais simples e pobres.
6. (Mc 3,31-35) – Fazem parte da nova família de Jesus aqueles que praticam a Palavra.
7. (Mc 6,1-6) – Santo de casa não faz milagres: o preconceito com a família de Jesus.

8. Maria em Lucas: peregrina na fé e perfeita discípula; sinal da opção preferencial de Deus.

9. (Lc 1,26-38) – Maria acolhe a proposta de Deus.

10. (Lc 1,39-56) – Maria corre apressadamente para ajudar Isabel. No Magnificat revela sua compreensão do projeto divino de salvação da humanidade toda. Ela é discípula-missionária, leva seu Filho no ventre e nos gestos de caridade de serva do Senhor.

11. (Lc 2,1-20) – Nascimento de Jesus, acolhido primeiramente pelos pobres. O Verbo divino se fez carne para habitar no meio de nós e em nós. Maria é a primeira a acolher esse acontecimento de fé e de amor divino. Em Maria, José, os pastores, Deus revela sua opção preferencial pelos pobres e descartados do mundo.

12. (Lc 2,21-38) – Maria é uma peregrina na fé: Simeão a faz perceber que a Palavra de seu Filho será desafiadora, como

uma espada que penetra até a alma. Ela é a primeira que interioriza e busca entender o mistério de seu Filho.

13. (Lc 2,19-51) – Maria guarda a Palavra de Deus no coração.

14. (Lc 1,46-55 – Magnificat: um canto de alegria, de humildade, de profecia transformadora.

15. (At 1,13-14; 2,1-4) – Maria e o Espírito Santo: a mulher de todos os tempos. Ela já é cheia do Espírito Santo desde a Anunciação. Atrai sobre a Igreja nascente a força divina de Pentecostes.

16. Maria em João: Mãe da comunidade

17. (Jo 2,1-11) – Maria em Caná: o vinho novo, o melhor vinho! Sua intercessão é o anúncio de seu Filho como alguém que é muito mais do que um carpinteiro. É, ao mesmo tempo, o vinho novo e o noivo divino de uma nova humanidade. Seus discípulos creram nele e foram a semente de uma nova Igreja.

18. (Jo 19,25-27) – Maria junto à Cruz! A discípula Mãe da Comunidade persevera no seguimento de seu Filho até o fim e dele recebe uma nova missão: ser Mãe da Igreja. E o discípulo amado, representando toda a Comunidade, acolhe-a como Mãe.

19. (Ap 12) – Uma parábola da história da humanidade, já vivenciada na história de Maria e seu Filho. O dragão e a mulher persistem nas gerações da história humana, e Maria com seu Filho nos garantem a vitória final de Deus.